NUMBER TRACING BOOK
FOR PRESCHOOLERS AND KIDS

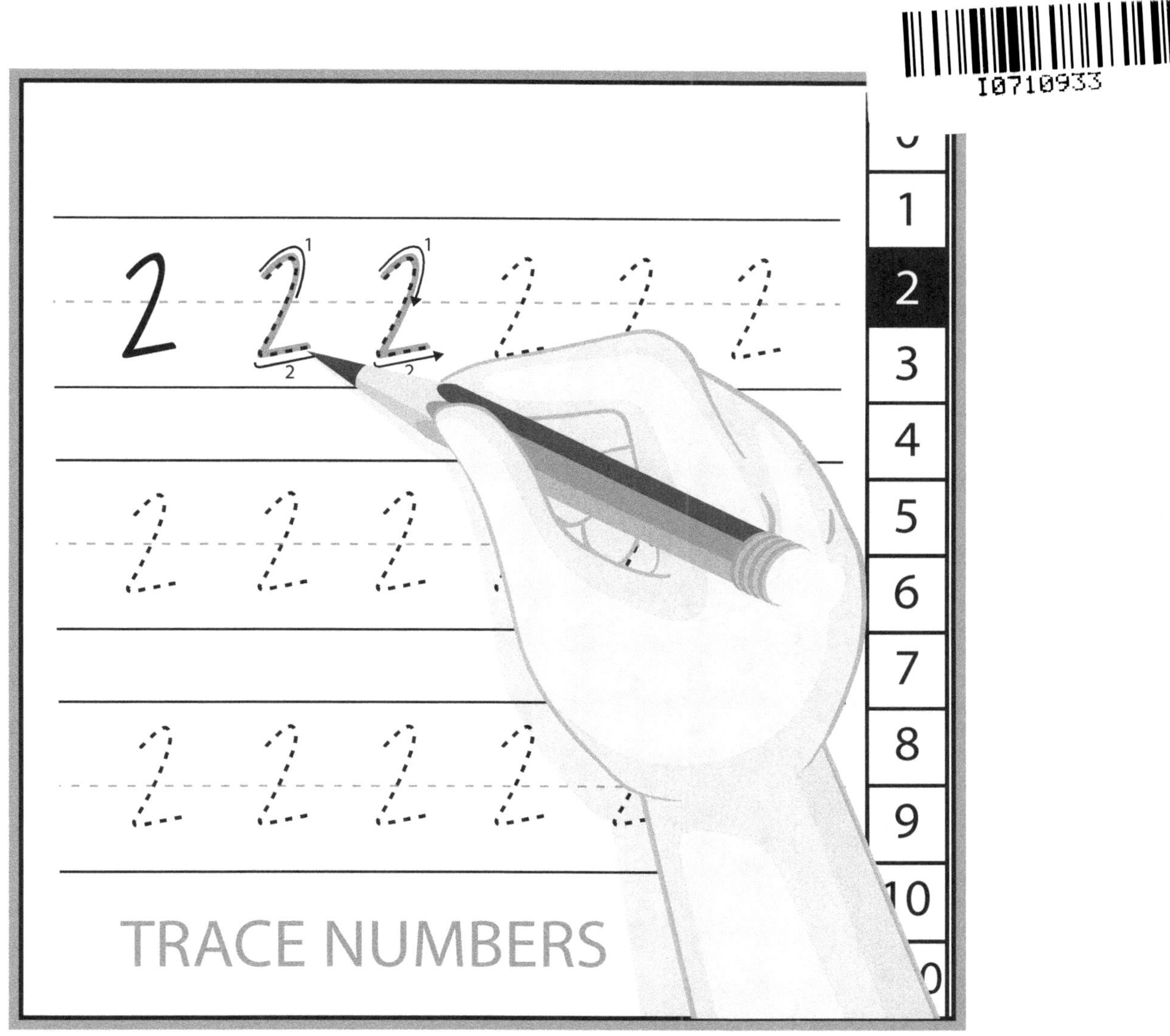

AGES 3-5

THIS BOOK BELONGS
TO

- -

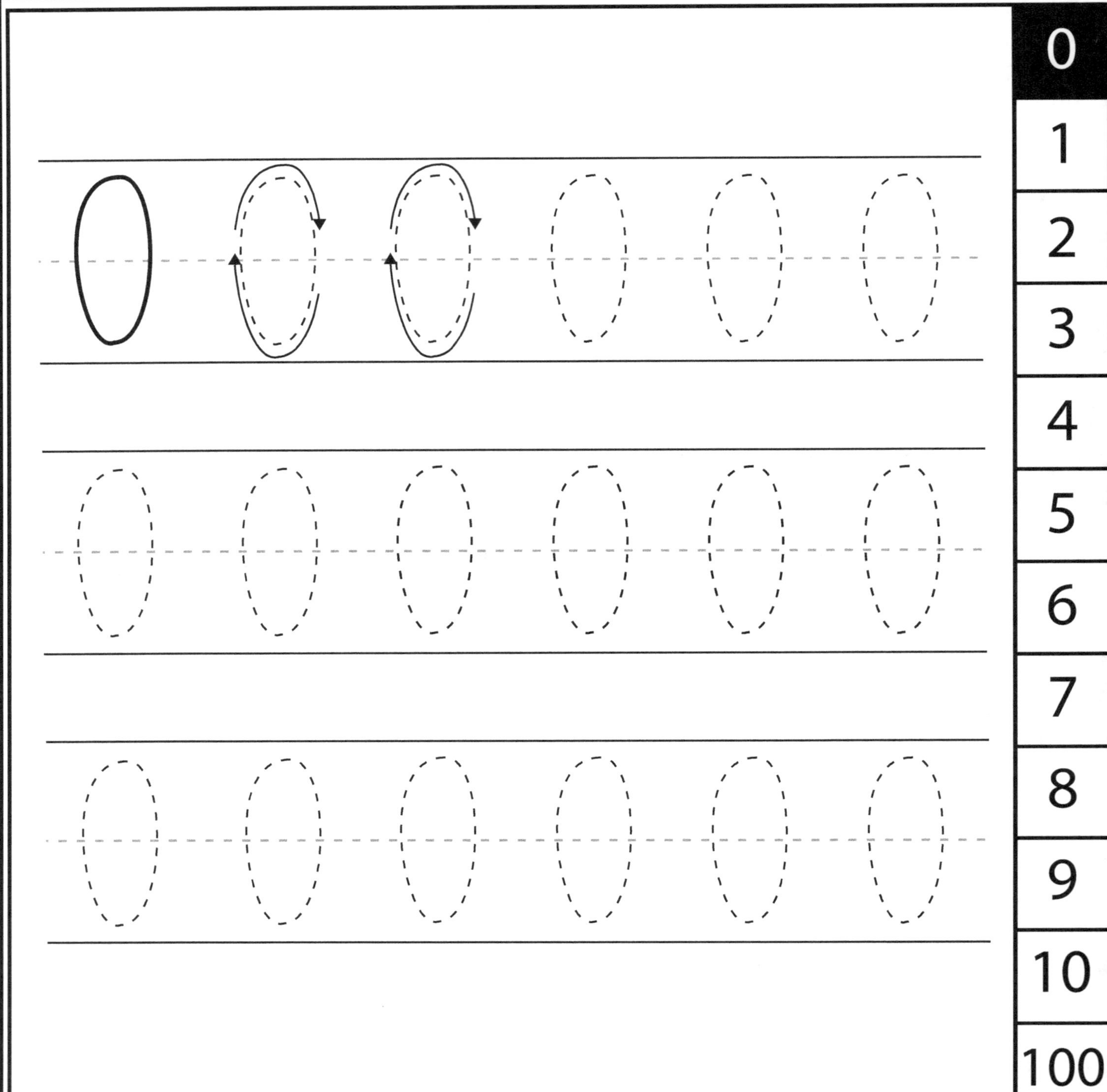

ZERO

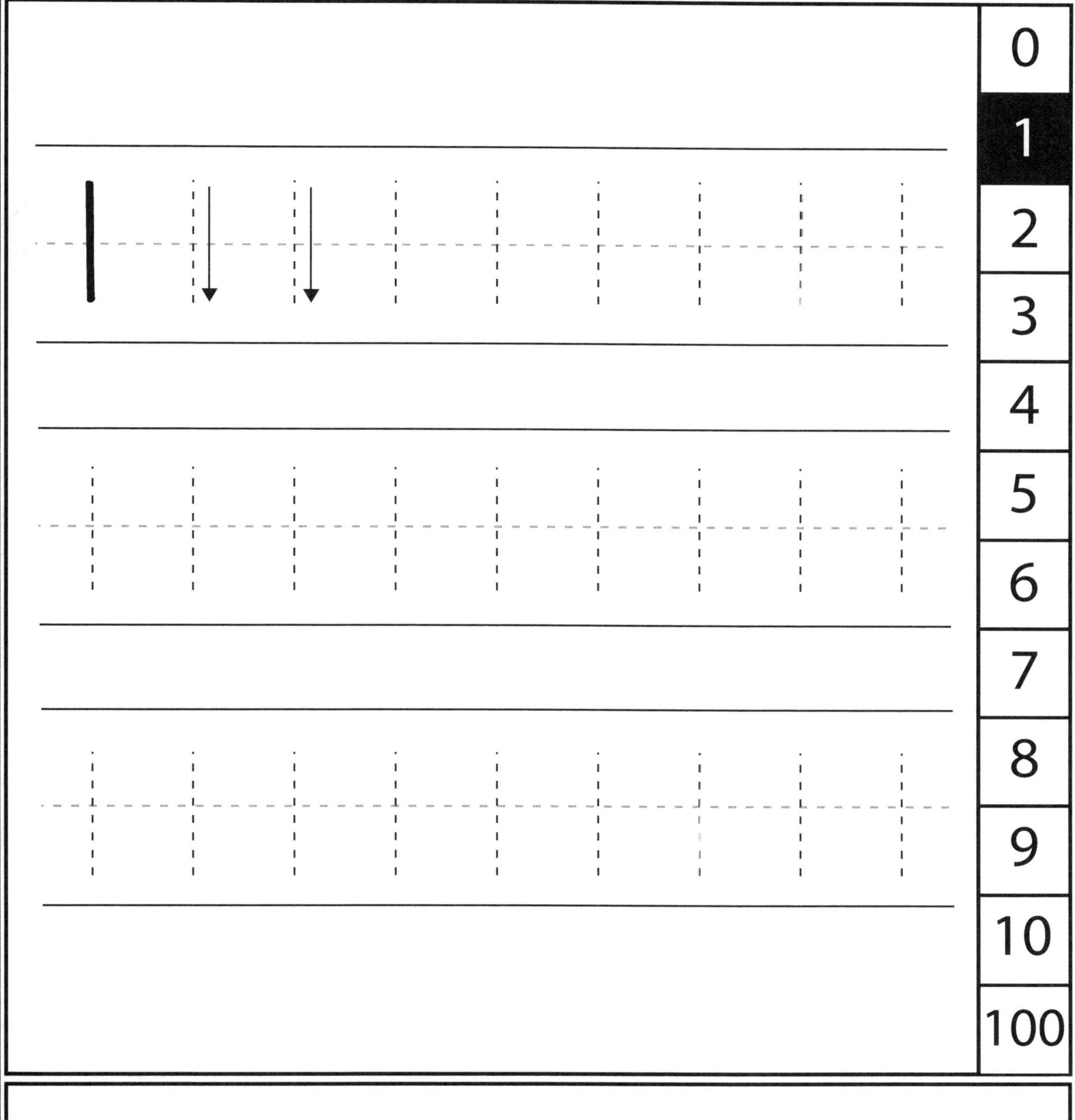

ONE

2

TWO

3

THREE

4

FOUR

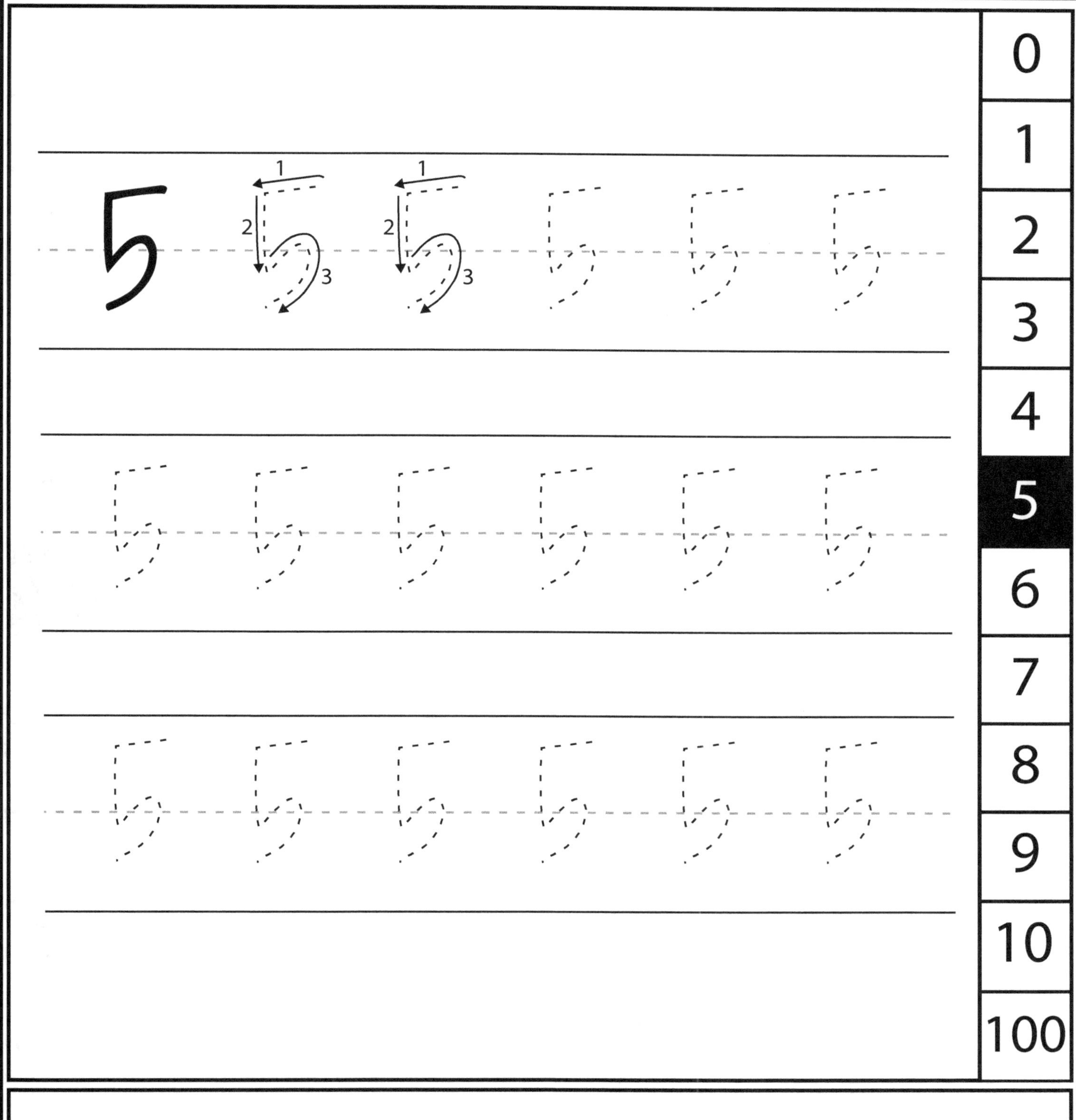

FIVE

SIX

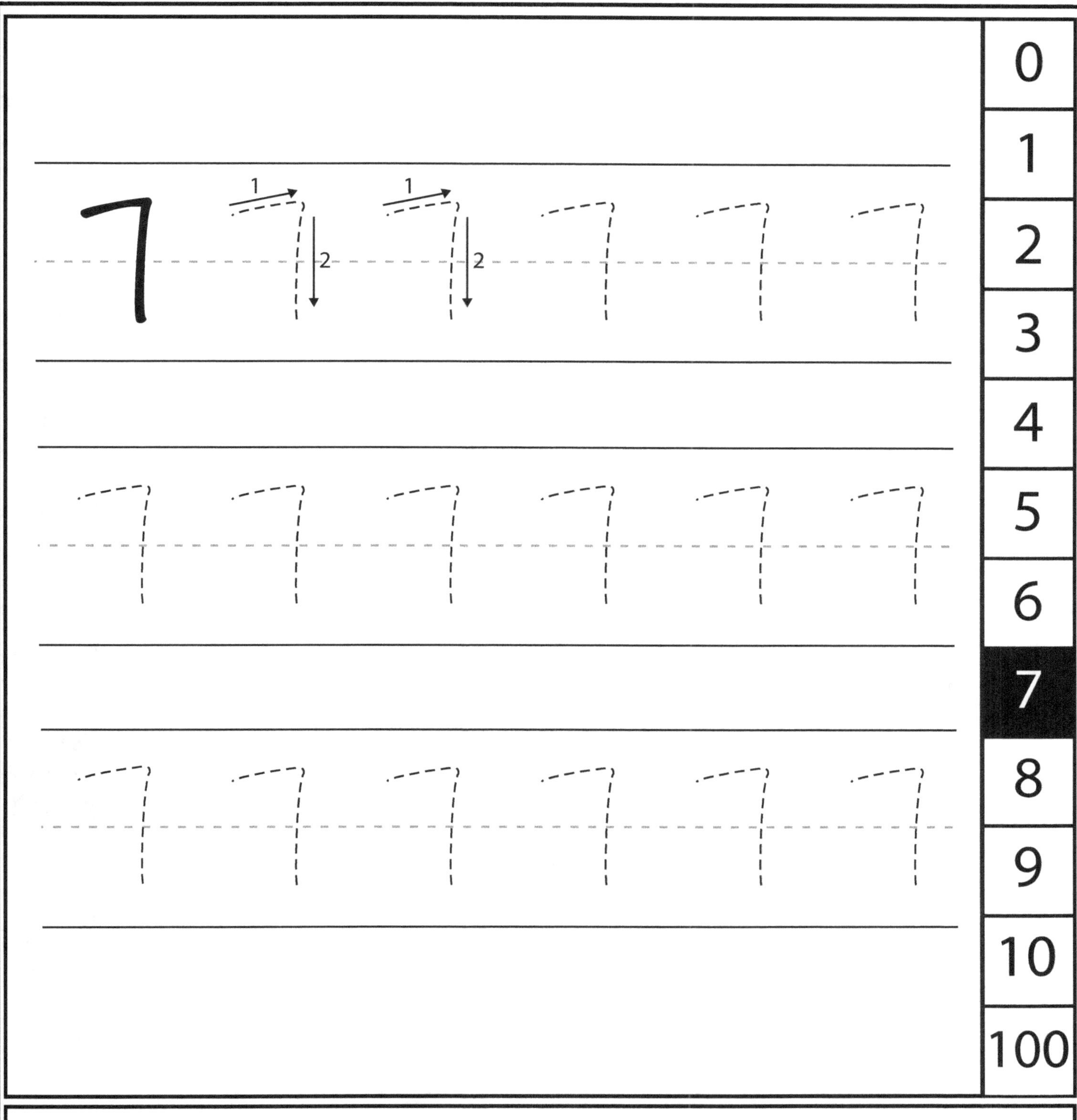

SEVEN

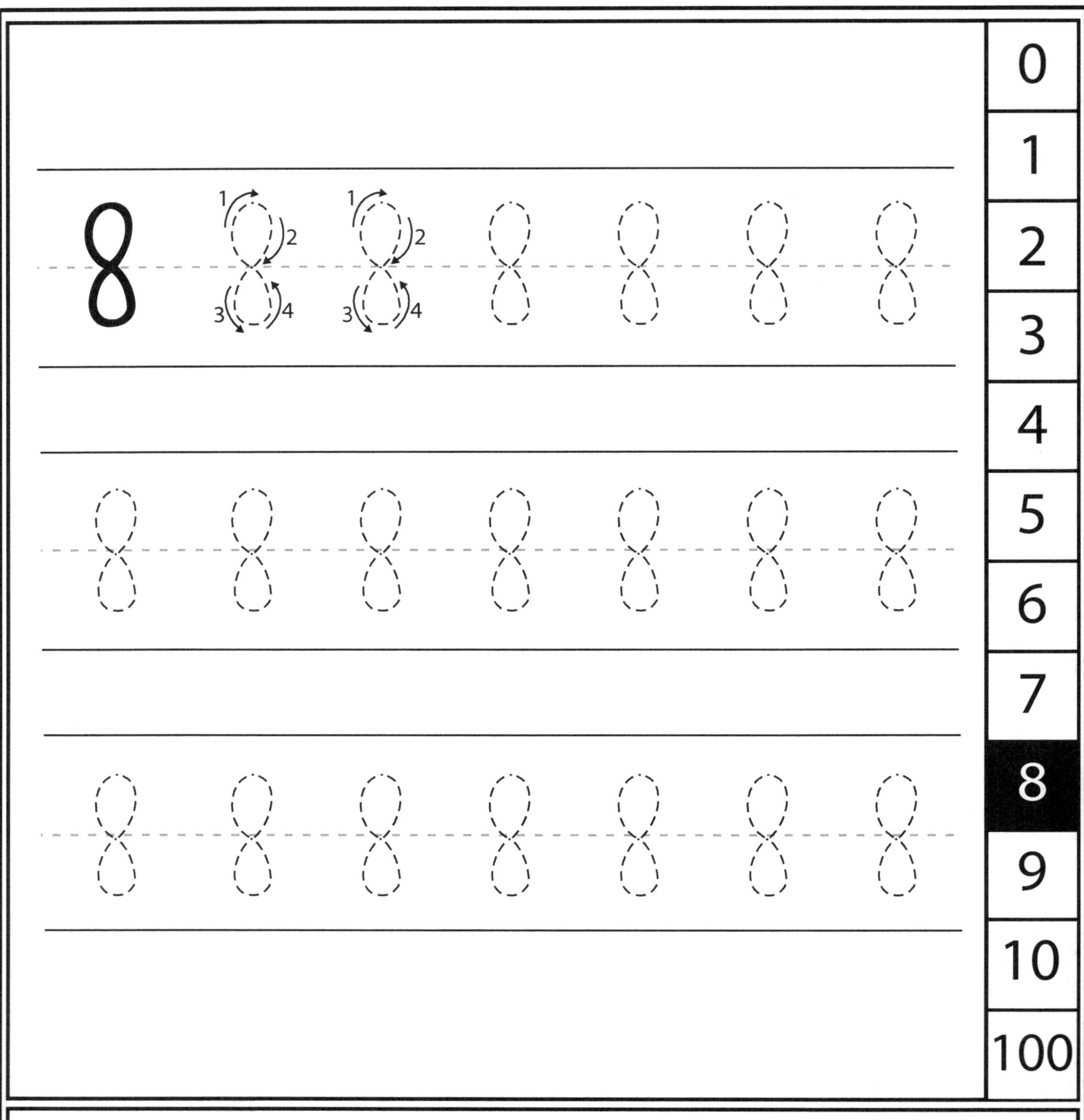

EIGHT

NINE

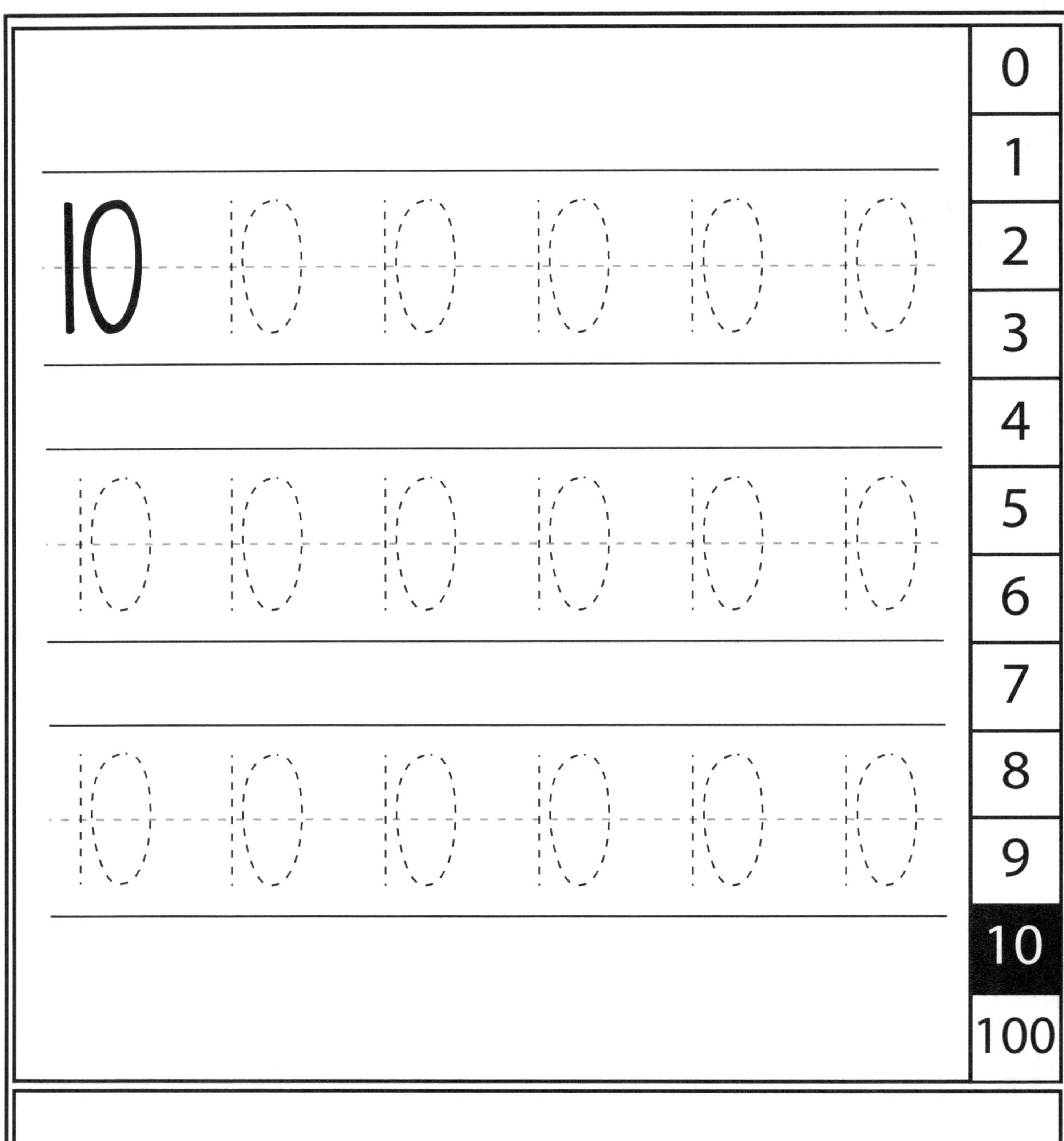

TEN

100

ONE HUNDRED

TEST PAGES

Have Your Kid Challenge Himself By Rewriting What He Learned Before, Without Adopting Instructions Or Help From You. Be Sure To Use A Pencil To Take The Test Again.

0

Performance Evaluation

/10

| 1 | 2 | 3 | 4 | 5 | 6 | 7 | 8 | 9 | 10 |

I

2

3

4

5

6

Performance Evaluation

/10

| 1 | 2 | 3 | 4 | 5 | 6 | 7 | 8 | 9 | 10 |

7

8

10

74

512

806

2205

208

45

23

86

125

307

18

56

432

1000

97

Performance Evaluation

/10

| 1 | 2 | 3 | 4 | 5 | 6 | 7 | 8 | 9 | 10 |

433

73

609

19

66

665

203

46

15

30

GUESS THE NUMBER

Have Your Kid Guess The Number
Without Your Help

Thanks For Your Time,
To Another Work In The Future.